I0820572
¿ QUIERES VOLAR CONMIGO ?
¿MAMÁ?
CANTEMOS JUNTOS
A NOSOTROS NO NOS VEAS
¡HELLO!

A Juanita y Ani, hermanas, amigas y compañeras de viaje.
A Lorenzo, cuyas alas se empiezan a desplegar.
A la memoria de Mauricio Álvarez, maestro pajarero
y maestro de vida.

JAVIER CAJIAO

GUÍA SECRETA DE AVES

JULIÁN ARIZA

B DE BLOK

CONTENIDO

AVES POR TODAS PARTES

Hasta hace unos años, no era raro encontrar en ciertas casas aves exóticas dentro de jaulas, como una mezcla entre mascotas y objetos de exhibición. Loros, cacatúas, periquitos y turpiales, entre otros, hacían parte de estas tristes colecciones de aves «decorativas».

Por fortuna, hoy los amantes de las aves prefieren ir adonde están ellas y las observan en sus hábitats naturales, cantando, comiendo y volando, lo que resulta, por cierto, mucho más placentero que contemplarlas a través de los barrotes de una jaula. A esto le llaman avistamiento de aves o simplemente «pajarear».

Y es que es muy pero muy fácil ver aves, porque por si no te has dado cuenta están en todas partes. No importa si vas al trópico o a los cascos polares, no importa si estás en la selva amazónica o en el desierto austral, no importa si vives en la ciudad o alejado en el campo, siempre vas a tener la oportunidad de encontrar aves.

Esta afición por pajarear ha ayudado a generar mayor conciencia de conservación. Conocer las aves que habitan en una región, sus hábitos y su comportamiento nos permite comprender su rol ecológico como polinizadoras de flores, dispersoras de semillas o depredadoras de insectos y roedores. Por eso es importante protegerlas a ellas y al hábitat en el que viven: si las aves están bien, los humanos estaremos bien.

A lo largo de este libro conocerás aves curiosas y enigmáticas, aves que atraviesan el mundo y llegan al patio de tu casa, aves vistosas y aves que hacen cosas increíbles. Todas tendrán algo para contarte. Esta será una jornada de observación en la que visitarás distintos hábitats con solo pasar una página. Pero, si te animas, también te damos consejos para salir a buscarlas y descubrir otros de sus secretos.

Luego de leer este libro ya no podrás salir de casa sin aguzar el oído, y muy seguramente mirarás los tejados, los prados, los árboles y los arbustos de una forma muy diferente, con la ilusión de encontrar un escurridizo pájaro muy cerca de donde vives.

CONSEJOS PARA NUEVOS PAJAREROS

MADRUGA

Las mejores horas para salir a pajarear son temprano en la mañana y antes del atardecer, pues son los momentos del día cuando las aves están más activas y es más fácil encontrarlas.

VÍSTETE PARA MIRAR

Procura usar ropa de color oscuro. Es ideal ir de verde o café, así evitarás que las aves te vean fácilmente y vuelen espantadas. Trata también de estar siempre cómodo, ya sea en clima cálido o frío.

MUÉVETE LENTAMENTE

Entre más quieto estés, más probabilidad de observar aves tendrás. Al caminar ve despacio, ya que las aves se alejan con los movimientos bruscos. Haz silencio, porque si vas por ahí haciendo ruido, cantando o conversando, tendrás casi garantizado un fracaso rotundo.

NO TE DESESPERES

La observación de aves es una actividad que requiere mucha, muchísima paciencia. Sí, están en todas partes, pero las aves también saben ser discretas. No te desesperes si no las encuentras rápidamente. Una vez estés en el lugar adecuado, el secreto es saber esperar y confiar en que las aves se acercarán.

MANTENTE ATENTO

Observa los movimientos de las hojas de los árboles, aun los más sutiles, puede ser un pájaro saltando entre las ramas. Si estás en campo abierto, no olvides mirar hacia el cielo, puede haber águilas o halcones. Detente en los árboles frutales, de seguro algún ave llegará allí a alimentarse. Escucha con atención, las aves emiten cantos y vocalizaciones que te pueden ayudar a encontrarlas más fácilmente.

RESPETA Y PRACTICA BUENOS MODALES

Si encuentras un nido, no te acerques demasiado, y ni se te ocurra manipular los huevos o los polluelos en caso de que llegues a encontrarlos.

ANOTA TODO

En una sola jornada podrás observar un buen número de aves, pero no te fíes de tu memoria, registra todo en una libreta. Anota las aves que has visto así no sepas su nombre, escribe todo aquello que te llame la atención: qué está comiendo, si salta mucho, si está en el suelo o en un cable, de qué color es su plumaje, qué forma tiene su pico, qué marcas especiales tiene, cómo son sus patas. Acompañar tu descripción con un dibujo puede ayudar mucho.

IDENTIFICA

Tan entretenido como salir a observar aves puede ser llegar a casa y tratar de identificarlas. Para ello es necesario contar con una guía de aves del lugar, un libro escrito por especialistas que te muestra con imágenes y datos las especies que puedes haber encontrado. Será un reto contrastar tus apuntes, tus dibujos y tu memoria con las imágenes de la guía para lograr la mejor identificación posible. También puedes preguntar a las personas de la región, muchas de ellas conocen su avifauna mejor que los mismos científicos.

EQUÍPATE

Antes de salir al campo, alista todo lo que puedas necesitar, teniendo en cuenta que estarás mucho tiempo al aire libre:

BINOCULARES

HIDRATACIÓN

SOMBRERO

MOCHILA

GUÍA DE AVES

GRABADORA

LIBRETA

LÁPIZ

BAILAR PARA COMER

FLAMENCO ROSADO
(*Phoenicopterus ruber*)

La cosa era, más o menos... un, dos, izquierda. ¡Perdón, derecha! ¿Te pisé, Eugenio? Tres pasos adelante... media vuelta, pico abajo, a ver qué atrapo... ¡Nada!, a este paso mis plumas seguirán pálidas como las de un pichón.

Bailar es mucho más que una habilidad de coordinación y armonía. Lo aprendimos desde muy chicos: si no bailas, no comes. Eugenio me ayuda a seguir los pasos, estoy aprendiendo.

1. Agita el fondo

Los flamencos debemos movernos correctamente para agitar las aguas, ya sean las frías lagunas pandas en medio de los desiertos andinos o los cálidos estuarios en el Caribe. Un, dos, derecha. ¿Voy bien, Eugenio? ¡Excelente!

3. Absorbe agua

Patas y cuello deben coordinarse a la perfección, y nuestro pico está diseñado especialmente para filtrar el agua y extraer algas, camarones, cangrejitos y otros manjares. Todo esto lo sé porque nuestros padres y los padres de sus padres lo descubrieron, y llegaron a ser grandes coreógrafos.

4. Filtra el alimento

Media vuelta, pico abajo. ¡Mmmm, por fin!, exquisitos camarones de un rojo intenso y apetitoso. Nuestro nombre viene de 'flama' o 'llama', porque nuestro plumaje se vuelve rosado, casi rojo, por todo el camarón que comemos. Yo claramente tengo mucho camarón que comer... y mucho que practicar, según Eugenio.

PODERÍO DESDE LO ALTO

ÁGUILA ARPÍA
(Harpia harpyja)

¡Ah, la quietud desde las copas de los árboles! ¡Todo en mis dominios parece estar tranquilo! Si en el suelo de la selva el jaguar es el animal más poderoso, aquí arriba soy yo. Como a él, me temen por mi fuerza, mis garras y mi destreza.

Los monos aulladores y los perezosos son muy simpáticos, a todos les caen bien, pero a mí además me *saben* bien, son mis favoritos. Las iguanas no están mal tampoco, pero definitivamente me quedo con los monos, como esos que ahora arman bulla al otro lado de la colina.

Eso me recuerda que debo llevar comida a mis dos polluelos. Voy a acercarme, a lo mejor alguno de esos monos se distrae...

Mmmm, escucho motores más allá, ¡qué contrariedad! Los humanos son muy extraños: algunos dicen que me llevo a sus crías, pero yo prefiero monos más peludos; otros me veneran y no dejan de buscarme simplemente para apreciar mi porte; pero otros destruyen mi bosque, y yo necesito amplios territorios para buscar alimento y desplegar mi poder.

AMOR GUACAMAYO

GUACAMAYA BANDERA
(*Ara macao*)

Amor mío, volar a tu lado todos los días, casi rozándonos la punta de las alas, es una experiencia mística. No podía haber encontrado mejor pareja para mi vida. Todos lo dicen y suspiran cada vez que nos ven volar entre las copas de los árboles al atardecer.

Los salados son paredes de arcilla en medio del bosque

La cena está lista, te preparé una ensalada de semillas de ceiba y jacaranda. No te esfuerces, yo las rompo con el pico. Luego iremos al salado, un poco de arcilla nos limpiará las tripas. Así nos quiero: sanos por dentro y guapos por fuera.

¡CAAAAAWWWW!
¡CAAAAAAAAWWW!

¡ME VUELVES LOCO, MI AMOR GUACAMAYO!

Se hace tarde, querida, y comienza a hacer frío. ¿Qué tal si volvemos a nuestro nido?, lo fabricó un pájaro carpintero, pero nos va mejor a nosotros, no hay muchos troncos en la selva con tanto espacio para los dos.

CARPINTERO MOTEADO

DE PLUMAS Y PLUMAJES

El plumaje suele ser la carta de presentación de las aves cuando salimos a observarlas, ya que su coloración es una buena pista para reconocerlas.

El color de las plumas viene dado por sustancias químicas llamadas pigmentos, y también por su forma, como en el caso de los colibríes. Por eso parece que cambiaran sus colores iridiscentes según como les llegan los rayos de luz. Esto se llama color estructural.

De acuerdo con la especie, la coloración del plumaje puede ser muy importante para camuflarse con los troncos o entre la vegetación, como ocurre con los búhos o los bienparados. Por el contrario, una coloración muy vistosa puede ser fundamental a la hora de conseguir pareja, en especial para los machos de algunas especies, como el gallito de roca o el atrapamoscas real. En esos casos, tampoco es raro encontrar plumas ornamentales, que no tienen una función distinta que la de llamar la atención de sus parejas o competir contra otros individuos.

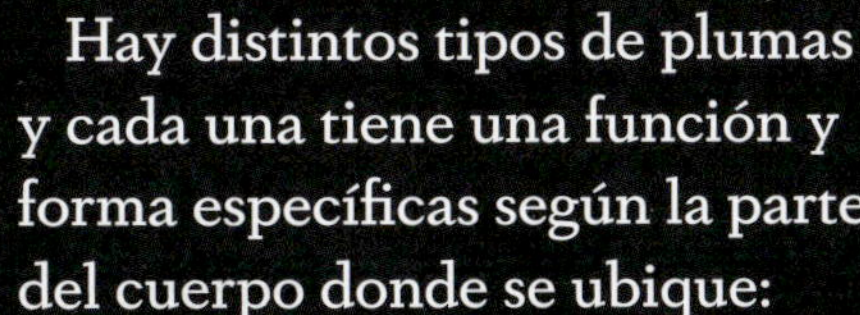

Hay distintos tipos de plumas y cada una tiene una función y forma específicas según la parte del cuerpo donde se ubique:

Plumones: son las más pequeñitas y suaves. Están cerca de la piel y sirven para calentar al ave. Son las primeras que les crecen a los polluelos.

Plumas del cuerpo: son las que cubren la cabeza, el pecho, el vientre y otras partes distintas a las alas o la cola. Ayudan a calentar al ave y le dan la forma aerodinámica para volar.

Plumas de las alas: suelen ser grandes y resistentes, pues deben ayudar al ave a volar y mantenerse en el aire. También se llaman remeras. De acuerdo con su posición en el ala se clasifican en primarias (a), secundarias (b) y terciarias (c). Estas, a su vez, están cubiertas por unas plumas más pequeñas llamadas cobertoras (d).

Plumas de la cola: son fundamentales durante el vuelo, pues ayudan al ave a maniobrar, por eso se llaman timoneras.

El viaje ser largo y agotador. Yo vivir en California, así que atravesar el desierto de Sonora y las selvas de Centroamérica no ser tarea fácil. ¡Debo sobrevolar más de siete países en unas cuantas semanas! Mi guía son las estrellas y los campos magnéticos de la Tierra.

Aunque mi pasaporte ser de los Estados Unidos, yo sentirme casi colombiano, pues desde muy pequeño venir con mis padres cada año a pasar temporada navideña. De solo pensar en ese frío en casa se me congela el pico.

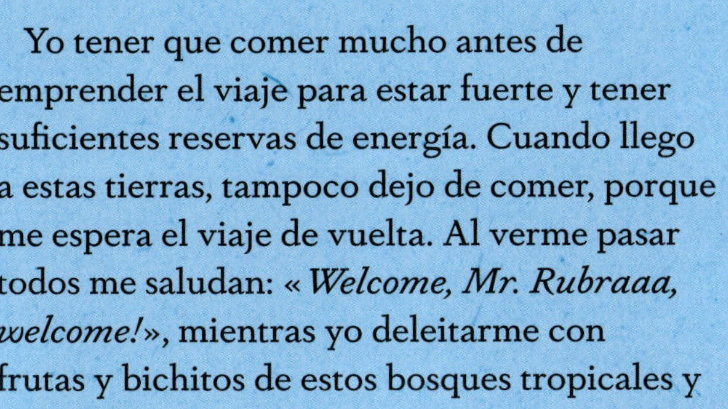

Yo tener que comer mucho antes de emprender el viaje para estar fuerte y tener suficientes reservas de energía. Cuando llego a estas tierras, tampoco dejo de comer, porque me espera el viaje de vuelta. Al verme pasar todos me saludan: « *Welcome, Mr. Rubraaa, welcome!*», mientras yo deleitarme con frutas y bichitos de estos bosques tropicales y humedales.

WELCOME, MR. RUBRA

TÁNGARA VERANERA
(*Piranga rubra*)

Esta temporada yo traer por primera vez a mi hijo. Cuando salimos de casa se parecía mucho a su madre, eran como dos rayos de sol, con sus plumas totalmente amarillas. Pero ahora, en plena adolescencia, todos decir que se comienza a parecer a mí, pues tiene ese rojo Rubra que también tenía su abuelo.

MENÚ

Sauco | Cerezo | Insectos

Sí, yo nado a contracorriente, ¿y qué? Hay patos que prefieren las aguas calmas del lago, pero a nosotros nos gusta llevar la contraria, así que preferimos las aguas torrentosas, las de río. Eso sí, no voy sola, nado del ala de mi pato parejo y preferimos hacerlo con sol, porque en los Andes el agua es muy fría.

Hasta hace unas semanas estábamos con nuestros pequeños. Pero ya aprendieron a nadar solos y se fueron. Mi pato y yo buceamos entre las rocas en busca de peces y pequeños invertebrados. Es una verdadera fiesta cuando encontramos un delicioso cangrejo.

A CONTRA-CORRIENTE

PATO DE TORRENTES
(Merganetta armata)

Ahora, no crean que por nadar en los ríos nos van a encontrar en cuanta quebrada se topen. No es tan fácil, necesitarán paciencia y agudeza de vista. Somos escurridizos y nos gusta la privacidad.

Nadie sabe cómo, pero podemos incluso nadar río arriba. Sí, como si fuéramos salmones. ¿Cuál es el secreto? Si quieren, pregúntenles a ellos porque nosotros no les vamos a contar. ¡Cuac, cuac, cuac, cuac, cuac!

CANTARES MONTAÑEROS

CUCARACHERO

(Troglodytes aedon)

—Brrrr, qué frío tan terrible, mija. Apechúguese para acá mientras se despeja esa neblina. ¿Le canto otra cancioncita?, ahí va: ¡Yo soy el cucarachero y tú la cucaracheriiiita!

—No, mijo. Esa es la misma que me viene cantando desde que nos conocimos. Pruebe otra de las tantas que dice saber. O algo más moderno, como lo de sus primos mexicanos o argentinos.

—¡Carachas! Pensé que los clásicos no pasaban de moda. Mija, bien sabe usted que el color que me falta en las plumas lo tengo en mis cantos. Eso fue lo que la enamoró de mí, ¿no?

—¡Pues sí, mijito! Ay, cánteme esa rapidita y aguda que entonaba en el matorral al lado del parque, ¿se acuerda?

—Uy, esa es un aria exigente, querida. Busquemos antes un grillito o una de esas deliciosas hormigas león entre los matorrales del cerro, ¿sí? Para tener energías antes del canto.

—Me encanta la idea, querido.

1. Llama a la hormiga león con una piedra

¡!

2. La hormiga cree que afuera hay una presa

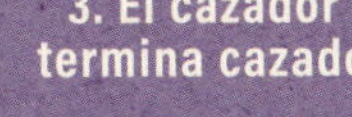

3. El cazador termina cazado

DE CANTOS Y LLAMADOS

Las aves tienen muy desarrollados la vista y el oído, por eso para comunicarse usan principalmente estos dos sentidos.

Algunas aves son difíciles de observar en el campo, pero sus vocalizaciones son inconfundibles. De hecho, los conocedores de aves pueden identificar muchas especies únicamente con escucharlas.

Las vocalizaciones se pueden clasificar en cantos o en llamados (también conocidos como reclamos), de acuerdo con la función que cumplan. Los cantos, por lo general armoniosos y complejos, suelen estar relacionados con actividades de cortejo; mientras que los llamados, que son vocalizaciones cortas y sencillas, están asociados a situaciones de alerta, como por ejemplo para avisar a otras aves que hay algún depredador cerca o un intruso merodeando por el territorio.

Nota

Sílaba

CLOROFONIA PECHICASTAÑA

El secreto de las vocalizaciones de las aves está en un órgano llamado siringe, que se encuentra cerca de la tráquea y está diseñado para emitir distintos sonidos con el paso del aire, tal como si fuera una flauta.

Los científicos han descubierto que cada ave, cuando nace, tiene un «conocimiento» genético de sus cantos y llamados, y que lo va modificando y perfeccionando a partir de la interacción con sus parientes. Por eso hay aves de una misma especie que tienen cantos distintos dependiendo del lugar en el que viven.

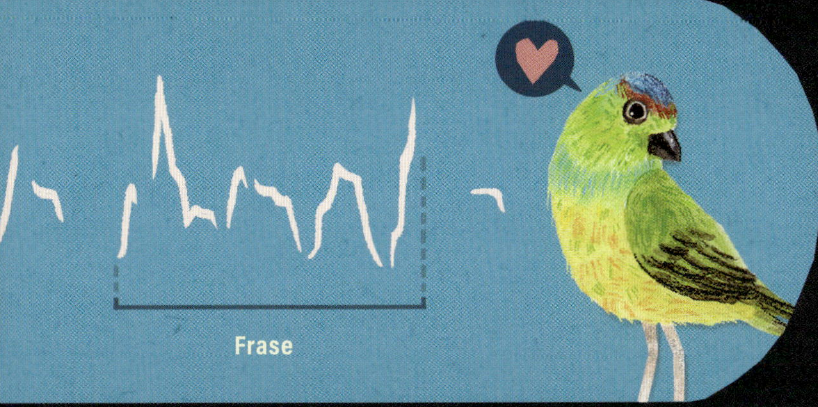

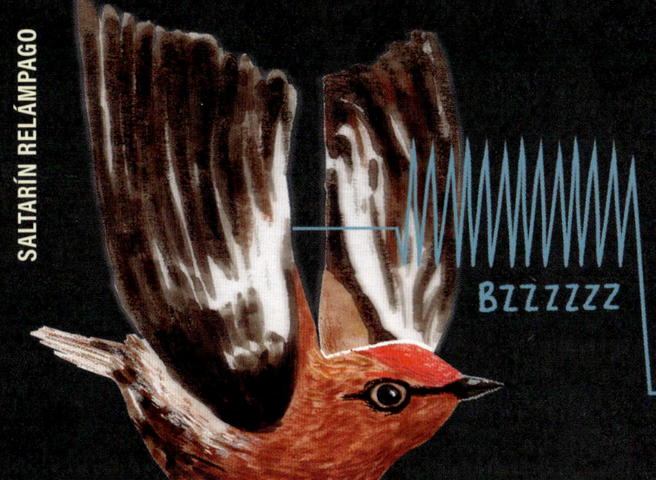

Algunas aves no se limitan a sus vocalizaciones para comunicarse y son capaces de emitir sonidos muy extraños con sus picos y sus alas. El saltarín relámpago, por ejemplo, frota sus alas para producir sonidos agudos durante el cortejo.

3. Planea sin esfuerzo

ENTRE LAS NUBES

CÓNDOR ANDINO

(Vultur gryphus)

El truco está en buscar un risco o un pico alto para dar el primer salto, es el único momento en el que uso toda mi fuerza. Luego debo medir el viento, hacer unos ajustes en la dirección correcta para entrar en las corrientes cálidas y... ¡zoooom!, el aire se encarga del resto.

Ya en pleno vuelo, son muy pocas las veces que debo aletear. Más bien me mantengo planeando por horas, flotando en el cielo. Mientras, voy mirando por aquí y por allá si algún animal ha estirado la pata entre las montañas.

Lo más fácil es estar atento a los movimientos de los gallinazos, que son los primeros en llegar al festín. Una vez en la mesa, o en este caso el potrero, me doy gusto. Ni siquiera tres gallinazos al tiempo podrían comer tanto como yo. Trato siempre de quedar ahíto, porque quién sabe cuándo pueda volver a probar bocado.

Cada vez es menos frecuente verme entre las nubes, no solo por lo alto que vuelo sino porque los humanos no me dejan vivir en mi territorio. Si seguimos así, dentro de poco solo me podrán ver en escudos o banderas, como si fuera un dragón o un unicornio.

EN NIDO AJENO

CHAMÓN

(Molothrus bonariensis)

Ji, ji, ji, ji, ji, ya cayó otro incauto. Pero qué poco observadoras son ciertas aves, cómo no se da cuenta ese copetón de que su polluelo no se parece en lo más mínimo a él ni a su pareja.

Hace unas semanas dejamos nuestro huevo en su nido y el copetón, como si nada, lo empolló. Y claro, todos los polluelos son iguales cuando nacen: ciegos, sin plumas, hambrientos y ruidosos. Pero es que este ya creció, dobla en tamaño al copetón y el muy inocente sigue pensando que nuestro chamón es su cría.

Lo que no se puede negar es que este copetón tiene un instinto materno sin igual. No podríamos haber elegido un ave más dedicada. Porque criar aves hoy en día no es una tarea fácil, hay que alimentarlos, abrigarlos y limpiarlos día y noche.

Por eso mejor que otros se encarguen de eso, y si es por voluntad propia, no nos vamos a negar. Definitivamente, la naturaleza sabe cómo hace las cosas. Ji, ji, ji, ji, ji.

TEJEDORAS DEL BOSQUE

OROPÉNDOLA VERDE
(Psarocolius viridis)

Una puntada por aquí, otra puntada por allá. Los humanos dicen ser buenos tejedores, y hay que reconocer que algunos lo son, pero todo lo que saben lo aprendieron de nosotras, sin duda.

Si se fijan bien, sus famosas cestas y mochilas son muy parecidas a nuestros nidos colgantes. Desde mucho antes de que los indígenas pisaran estas llanuras, ya nosotras nos reuníamos en los árboles más altos, por lo general cerca del río, para tejer y charlar.

Así, «echando lora», fuimos perfeccionando nuestros nidos, y ahora son resistentes a la lluvia, al viento, al sol y, sobre todo, a los depredadores. El otro día armamos un barullo descomunal para espantar a una culebra que trataba de meterse en uno de nuestros nidos para robarse los huevos.

Es fácil encontrarnos en medio del bosque y en zonas abiertas. Además de nuestros vistosos nidos, nos encanta andar en grupo y nuestra cola amarilla es inconfundible al volar. Si aun así no nos ven, de seguro nos escucharán: somos ruidosas y nuestro llamado es muy particular.

DE PICOS Y ALIMENTOS

El pico de las aves constituye su más preciada herramienta, no solo para ingerir su alimento, sino también para manipularlo. Por eso la forma del pico da pistas claras sobre su alimentación.

Los picos están hechos de queratina, el mismo material del que están hechas las plumas, los cuernos de algunos mamíferos y las uñas. Esto hace que sea una estructura muy resistente, pero al mismo tiempo muy liviana.

BÚHO AMERICANO

Las **águilas**, **búhos** y demás aves rapaces tienen un pico curvo y robusto que les sirve para desgarrar la carne de sus presas.

Los **colibríes** tienen un pico largo y delgado, perfectamente adaptado para chupar el néctar de las flores con su lengua, que funciona como un pitillo.

COLIBRÍ DE MULSANT

TUCÁN PIQUIVERDE

Los **tucanes** tienen picos grandes y a veces muy coloridos. Con ellos manipulan frutas con gran destreza, aunque también se los ha visto comer pequeños animales.

Los **pájaros carpinteros** suelen tener picos fuertes y rectos, especiales para golpear los troncos de los árboles y abrir huecos en ellos cuando hacen sus nidos. También están perfectamente adaptados para buscar insectos que viven en la madera.

Los **atrapamoscas** y otras aves insectívoras suelen tener picos rectos y no muy grandes, especializados para atrapar con agilidad insectos en el aire.

El **martín pescador**, las **garzas** y otras aves que suelen cazar peces tienen picos largos, robustos, rectos y puntiagudos, como si fueran espadas. Estos les sirven para atrapar rápidamente y por sorpresa a sus presas.

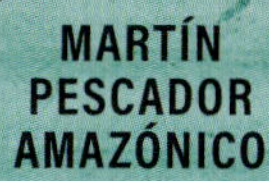

Algunas aves acuáticas tienen adaptaciones en sus picos, como el **pelícano**, cuya parte inferior sostiene una especie de bolsa que le permite almacenar el pescado después de haberlo capturado.

Otras, como los **patos** o la **espátula**, tienen picos anchos y aplanados, perfectos para chapotear en el agua en busca de peces y crustáceos.

ESPÁTULA ROSADA

PALACIOS EN EL AIRE

CASTILLERO DEL LLANO

(Phacellodomus rufifrons)

¿Sois vosotros los osados intrusos que pretendéis invadir la morada de este castillero? No os engañéis, aunque breve de estatura, mi enjundia es de temer y mi genio también, sobre todo cuando se trata de defender mis predios.

Junto a Josefina, mi amada, nos ha tomado luengos años construir esta fortaleza, ramita sobre ramita. Pues habéis de saber que mi castillo tiene varias recámaras y una gran sala real; aunque tanto espacio no es suficiente para albergar la belleza de mi querida Josefina.

El asunto es que, a mayor tamaño, más espacio para las alimañas y la chusma que nos invade. Hay aves muy perezosas, que en vez de trabajar y construir su propio nido, se dedican a husmear en la propiedad ajena e incluso llegan a invadir nuestros aposentos.

Hace poco sorprendí a una mirla en el ala este y la tuve que sacar a plumazos. ¡Qué descaro, qué indelicadeza, qué desparpajo para un pájaro! Pero basta ya de comidilla, que he de seguir apilando ramitas antes del almuerzo, mi Josefina ha preparado un delicioso cocido de grillos.

LECCIONES PARA SER INVISIBLE

BIENPARADO COMÚN

(Nyctibius griseus)

¡A ver, Nictibio Alonso, quieto, derechito! Aún hay luz del día y es fácil que nos vean. Tu poder, te lo he dicho, es hacerte invisible, pero para lograrlo debes estar inmóvil. Sí, aunque te pique un ala, ¡quieto, muchacho!

Muchos nos admiran por nuestra habilidad para jugar al escondite, pero otros creen en cuentos raros y nos temen. Dicen que somos brujas y no aves, y hasta nos persiguen y nos acosan.

Claro, solo ven lo evidente: nuestra pose, los ojos grandes y amarillos, la boca enorme y nuestro canto que parece estremecerlos... Igual, tampoco es que los humanos sepan mucho de nosotros, nos ocultamos bien.

Bueno, Nictibio Alonso, ya está cayendo la noche. Ahora sí, ve y me buscas unos grillos y unas cucarachas. Mira, allá está Nictibio Aurelio, tu padre, salúdalo, ¡pero con discreción! Ah, no, no es Aurelio, es un tronco. ¡Ufff, de tal palo tal astilla!

CENTINELA PROFESIONAL

HORMIGUERO EMPENACHADO
(Pithys albifrons)

Ya oigo venir a mis guerreras, todo un ejército que patrulla lo más profundo de la selva. No es que me sienta a salvo de ellas, pero sí que es una buena noticia, porque por donde ellas pasan abunda la comida para mí.

Verán, aquí en la selva, las hormigas guerreras tienen una reputación terrible y no hay bicho que quiera atravesarse en su camino. Por eso, en medio del pánico, y para evitar caer en las fauces de las voraces hormigas, otros insectos corren y saltan para salvar sus vidas, como exquisitos escarabajos y deliciosos saltamontes.

Mientras tanto, seguro en lo alto de una rama, veo el caos que generan las hormigas y, cuando los bichos sienten que el peligro ha pasado, se encuentran conmigo... lo último que ven es mi hermoso penacho ante ellos.

Quién pensaría que algún día iba a entenderme tan bien con unas hormigas, les debo tantos manjares. Ahora, si llegas a escuchar mi canto en medio de la selva, anda con cuidado, porque estas guerreras no estarán muy lejos.

DE PATAS Y DE HÁBITATS

Si los picos de las aves son un indicativo de su dieta, las patas nos dicen algo de su comportamiento y del hábitat en el que viven. En general, la mayoría de las aves voladoras tienen patas adaptadas para posarse con facilidad sobre las ramas de los árboles.

Las águilas y todas las demás aves rapaces tienen garras muy fuertes y afiladas, especializadas para capturar a sus presas y sostenerlas incluso en pleno vuelo.

Las patas del pájaro carpintero tienen dos dedos hacia adelante y dos hacia atrás, a diferencia de la mayoría de las otras aves, que tienen tres dedos hacia adelante y uno hacia atrás. Esta adaptación le ayuda a trepar ágilmente por los troncos de los árboles y mantenerse en posición vertical con mayor facilidad.

Las aves que viven en zonas acuáticas, como humedales, lagos o áreas inundadas, suelen tener patas largas que les permiten desplazarse sin problema por las partes menos profundas. Este es el caso de las garzas o los flamencos.

GARCILLA BUEYERA

TINGUA AZUL

Las tinguas, por ejemplo, viven en humedales, pero se desplazan sobre la vegetación que cubre el agua. Para no hundirse tienen patas largas, con unos dedos también muy largos que les permiten repartir su peso en una amplia superficie y no sobre un único punto.

Los patos, pelícanos y piqueros, que se caracterizan por ser excelentes nadadores, tienen patas palmípedas; es decir, con unas membranas entre los dedos de sus patas que les permiten nadar mejor y a mayor velocidad.

PIQUERO PATIAZUL

LLAMA VOLADORA

TOPACIO DE FUEGO

(Topaza pyra)

Habrá muchas aves hermosas, pero en un concurso de belleza aviar la corona sería mía.

Podríamos hablar de mi destreza para volar a toda velocidad por entre los árboles de la selva, de mi habilidad para cazar insectos en el aire o de mi ingenio para fabricar los nidos más delicados y confortables...

Pero no perdamos el tiempo en nimiedades. Detengámonos por un momento a contemplar simplemente el grado más alto de perfección en la naturaleza, la estética emplumada llevada a su más alto nivel. Me presento, soy su servidor, el colibrí ígneo, el topacio de fuego, la joya alada del Amazonas.

¿Presumido yo? Vean mis plumas negras y aterciopeladas, vean la elegancia de mi cola morada. Es mejor que cualquier traje de alta costura. Además, el verde iridiscente de mi garganta en contraste con el rojo resplandeciente de mi pecho me vuelven inconfundible.

Pueden tener problemas para identificar otras aves en el bosque, pero si tienen la extraña suerte de toparse conmigo, apenas si podrán creerlo. Toda la magia y encanto de la selva se concentra en mi pequeño cuerpo. Soy un milagro emplumado.

PLUMAS, CÁMARA Y ACCIÓN

GALLITO DE ROCA
(Rupicola rupicola)

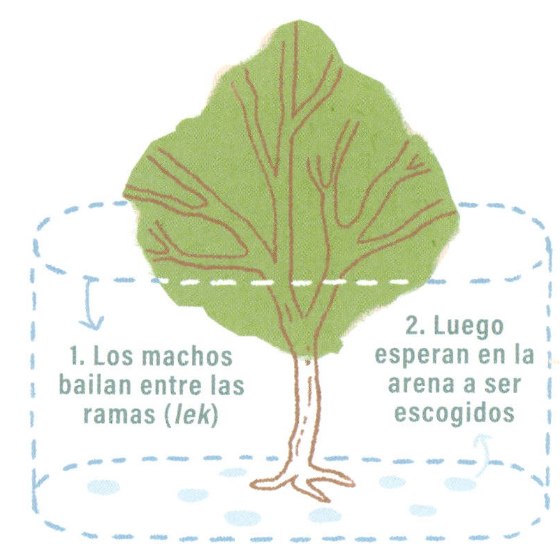

La función está por comenzar y todo debe salir perfecto. Me aliso las plumas, peino mi cola y mi cresta. Ningún detalle puede quedar al azar; la competencia es dura, y hay muy buenos bailarines.

Mi plumaje se ve reluciente, ahora debo asegurarme de que mi lugar en la pista esté impecable. Esta ramita sobra y será mejor quitar esas hojas, necesito que esta hembra me vea sin interferencias.

El concurso de baile empezará en cualquier momento, ya los otros machos están llegando.

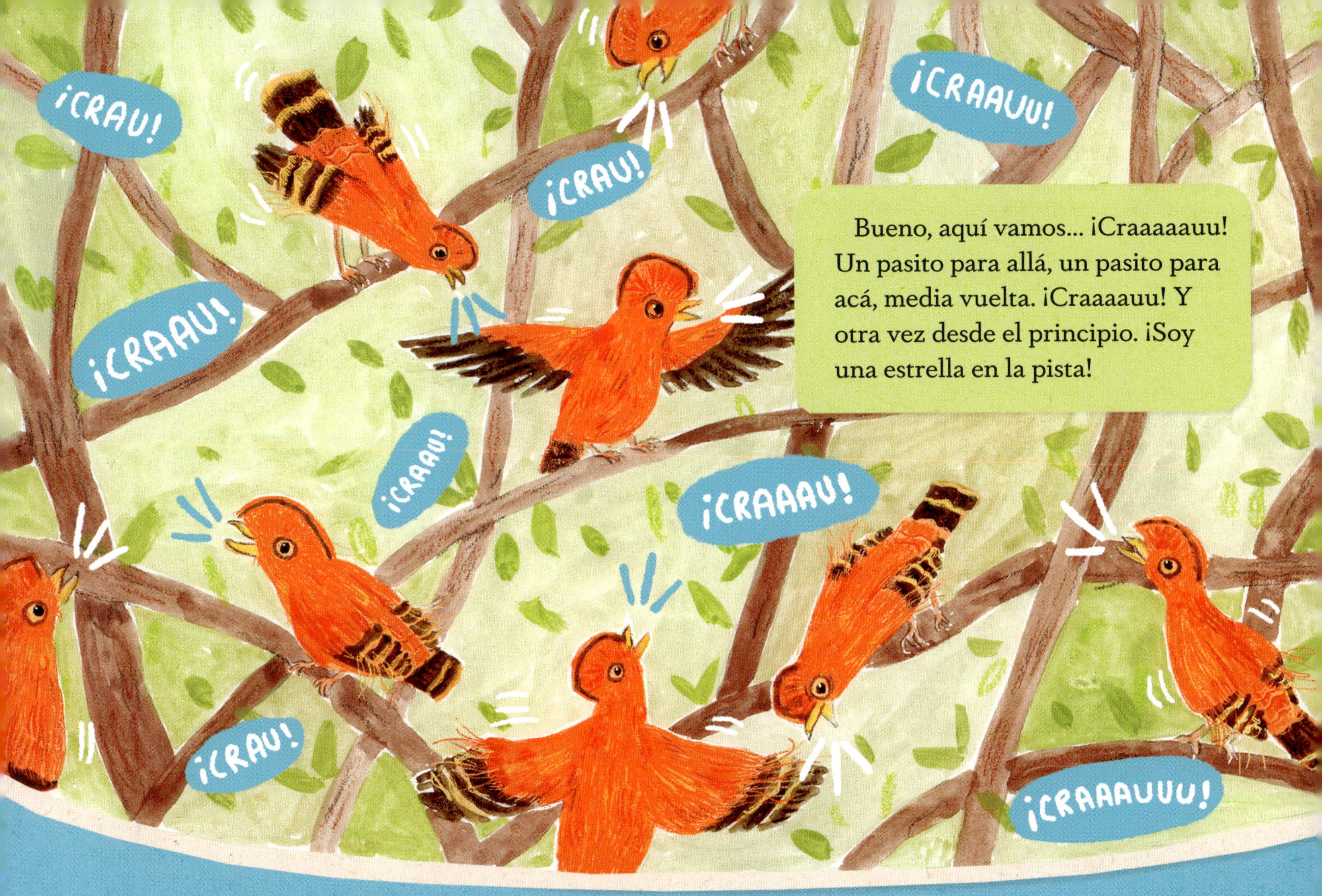

¡CRAU!

¡CRAAUU!

¡CRAU!

¡CRAAU!

Bueno, aquí vamos... ¡Craaaaauu! Un pasito para allá, un pasito para acá, media vuelta. ¡Craaaauu! Y otra vez desde el principio. ¡Soy una estrella en la pista!

¡CRAAU!

¡CRAAAU!

¡CRAU!

¡CRAAAUUU!

Llegó el momento crucial: aquí viene mi amada, ahora debo quedarme muy quieto. Espero que me escoja a mí... que me escoja a mí... ¡que me escoja a mí! Qué linda es, y se nota que tiene buen criterio para elegir.

Acércate, guapa, eso es. Un poco más, mírame de cerca. Vamos, necesito tu toque mágico... ¡Sí, me eligió a mí! Dentro de unas semanas seré padre de nuevo.

—A ver, muchacho, otra vez desde el principio. Baja la cabeza, mira hacia atrás. Esconde esas alas, por el amor de dios, las orugas no tenemos alas.

—Pero yo soy un ave, no soy una oruga... creo.

—Ya te lo expliqué, para que ningún depredador quiera comerte debes parecer una oruga tóxica como yo.

—¿Por eso tengo las plumas esponjosas y de color naranja?

—Exacto, son una advertencia para otros animales, pero te falta más espíritu de oruga. Vamos, esconde las patas. Muévete lentamente hacia un lado y hacia el otro, como yo... más lento, ¡más lento, dije!

—¿Por qué debe ser tan lento, maestro oruga?

—Cuanto más lento te muevas, más difícil será que te vean. No basta con parecer una oruga, debes comportarte como una.

—¿Y qué le pasa al que se come una oruga como tú?

—Nada agradable, una rasquiña insoportable, náuseas, vómito... Ahora, a retomar el entrenamiento, que tu madre me paga estas lecciones por hora.

AGENTE NARANJA

PLAÑIDERA CENICIENTA

(Laniocera hypopyrra)

2. El pichón se mueve como oruga

—Está bien. A estas alturas ya no sé si soy pichón u oruga. Última pregunta, maestro oruga, ¿por qué cuando te veo me da hambre?

ESLABÓN PERDIDO

PAVA HEDIONDA

(Opisthocomus hoazin)

No soy un monstruo del cretácico. Y aunque huela a viejo, las pavas tenemos otros atributos. Por ejemplo, somos muy consideradas: mis hijos e hijas mayores ayudan con el cuidado y la alimentación de sus hermanos menores.

Está bien, de pichones tenemos unas pequeñas garras en las alas, pero no como las de los dinosaurios. Las usamos para trepar entre las ramas en caso de que caigamos del nido. Y sí, nadamos como peces a esa edad, pero qué esperaban, vivimos en las orillas de ríos y lagos.

Vale, vale, tenemos mal aliento. Pero todo es cuestión de perspectiva: soy estrictamente vegetariana y... ¿mencioné que vivo cerca del agua? Me alimento de hojas tiernas y para descomponerlas cuento con un batallón de bacterias en mi buche... y todos sabemos que las bacterias no es que huelan a dulce miel.

Así es el buche de otras aves

Buche

Esternón

Tamaño del buche de la pava

Esternón

Todos estos rasgos despistan a los científicos, que se parten la cabeza tratando de clasificarnos entre las aves. Algunos insisten con el cuento de los dinosaurios, hablan de mi tatarabuela *Onychopteryx* y de su tatarabuelo *Archaeopteryx*. Otros no se complican y simplemente me asocian con las gallinas.

MÁS PISTAS SOBRE

En este apartado encontrarás información puntual de cada especie, con datos que suelen ser muy útiles si estás interesado en buscar más información de cada ave. Los **nombres comunes** varían mucho de una región a otra, por eso, conocer el **nombre científico** es importante para saber exactamente de qué ave se trata. Tener idea del **tamaño** es clave para saber si buscas una especie pequeña, mediana o grande. La **distribución** te da pistas sobre la región o el país que habita cada especie.

NOMBRE COMÚN	NOMBRE CIENTÍFICO	TAMAÑO (DE PICO A COLA)
Flamenco rosado	*Phoenicopterus ruber*	120 cm
Águila arpía	*Harpia harpyja*	100 cm
Tángara veranera	*Piranga rubra*	18 cm
Guacamaya bandera	*Ara macao*	90 cm
Pato de torrentes	*Merganetta armata*	42 cm
Cucarachero	*Troglodytes aedon*	12 cm

NUESTRAS AVES

Reconocer la **vocalización** de las aves puede ser de gran utilidad para encontrarlas cuando no son fáciles de observar. A través de los códigos QR podrás escuchar las vocalizaciones de la mayoría de las especies que aparecen en este libro. Lamentablemente, no de todas las especies tenemos sus cantos, ya imaginarás lo difícil que es captarlos en medio de la selva, la sabana o la montaña. Cierra los ojos y al reproducir los audios podrás transportarte al hábitat de cada especie. Y si pones atención, podrás también escuchar los sonidos de su ambiente, como los insectos, otras aves e incluso sonidos humanos.

PISTAS PARA ENCONTRARLA	DISTRIBUCIÓN	VOCALIZACIÓN
Siempre está en grupos en ciertos lagos y cerca del mar, chapoteando en aguas poco profundas.	Antillas e islas del Caribe, península de Florida, península de Yucatán y costa noreste de Colombia y Venezuela.	No tenemos registro de sus vocalizaciones, pero de seguro podrás encontrarlas en plataformas virtuales.
Suele estar perchada sobre las ramas de los árboles más altos de la selva.	Selvas húmedas desde el sureste de México hasta el sur de Brasil.	No tenemos registro de sus vocalizaciones, pero de seguro podrás encontrarlas en plataformas virtuales.
Entre octubre y marzo en parques y humedales. Le encantan los árboles frutales de altura media.	Desde el sur de Estados Unidos hasta Bolivia y Brasil.	
Al atardecer puedes escuchar su llamado y verla cruzar el cielo con su pareja.	Desde el sur de México hasta las cuencas del Orinoco y el Amazonas.	
Suele preferir los ríos caudalosos y reposa sobre las piedras.	A lo largo de la cordillera de los Andes, desde Venezuela hasta el sur de Chile y Argentina	No tenemos registro de sus vocalizaciones, pero de seguro podrás encontrarlas en plataformas virtuales.
Si reconoces su canto, será muy fácil encontrarlo en las mañanas en parques y jardines.	Desde el sur de Canadá hasta el sur de Suramérica.	

NOMBRE COMÚN	NOMBRE CIENTÍFICO	TAMAÑO (DE PICO A COLA)
Chamón	*Molothrus bonariensis*	20 cm
Cóndor andino	*Vultur gryphus*	125 cm
Oropéndola verde	*Psarocolius viridis*	50 cm
Bienparado común	*Nyctibius griseus*	40 cm
Castillero del llano	*Phacellodomus rufifrons*	16 cm
Hormiguero empenachado	*Pithys albifrons*	12 cm
Colibrí ígneo	*Topaza pyra*	20 cm (macho) 13 cm (hembra)
Gallito de roca	*Rupicola rupicola*	30 cm
Plañidera cenicienta	*Laniocera hypopyrra*	20 cm
Pava hedionda	*Opisthocomus hoazin*	68 cm

PISTAS PARA ENCONTRARLA	DISTRIBUCIÓN	VOCALIZACIÓN
Suele rondar en grupos por parques y humedales, en arbustos de baja altura o incluso en el suelo.	Península de Florida, islas del Caribe, sur de Centroamérica y toda Suramérica.	
Entre las montañas escarpadas, suele planear muy muy alto.	A lo largo de toda la cordillera de los Andes, desde el norte de Colombia hasta Tierra de Fuego.	No tenemos registro de sus vocalizaciones, pero de seguro podrás encontrarlas en plataformas virtuales.
Ubica primero sus nidos, que son como mochilas. Las oropéndolas suelen regresar a ellos al atardecer.	Noreste amazónico: sur de Venezuela, sudeste de Colombia, este de Ecuador, noreste de Perú, noroeste de Brasil y Guyana.	
Observa muy bien la terminación de las ramas gruesas y secas de los árboles.	Desde Centroamérica hasta el norte de Argentina	
Busca un nido grande formado por ramitas y colgando de la rama de un árbol.	Llanos de Colombia y Venezuela, este de Bolivia, norte de Argentina y Paraguay, norte de Perú, suroeste y este de Brasil.	
No será fácil encontrarlo, pues vive en medio de la selva. Búscalo en la parte baja del bosque, cerca del suelo.	Noreste amazónico, sur de Venezuela, sureste de Colombia, este de Ecuador, noreste de Perú, noroeste de Brasil y Guyana.	
En medio de la selva, suele estar cerca de arroyos y fuentes de agua.	Noreste amazónico, sur de Venezuela, sureste de Colombia, este de Ecuador, noreste de Perú y noroeste de Brasil.	
Su llamado te alertará y su color naranja encendido es inconfundible. Suele estar cerca de paredes rocosas donde pueda anidar.	Sureste de Colombia, sur de Venezuela, norte de Brasil y Guyana.	
Es más fácil encontrarla por su canto, que parece un lamento y que se puede escuchar desde lejos.	Este de los Andes y en la cuenca del río Amazonas.	
Su tamaño y sus movimientos conspicuos a las orillas de ríos y lagos te ayudarán a encontrarla.	Este de los Andes y en las cuencas de los ríos Orinoco y Amazonas.	

PAJAREA EN LÍNEA

Si quieres conocer más sobre estas y otras aves, consulta estos recursos en línea:

Para ver y oír especies de todo el mundo: **EBIRD.ORG**

Para identificar especies en peligro: **WWW.IUCNREDLIST.ORG**

Para identificar aves de manera sencilla: **MERLIN ID**

Para compartir tus observaciones con personas de todo el mundo: **INATURALIST**

Para pajarear a donde vayas (solo en inglés): **BIRDA**

JAVIER CAJIAO NIETO

Biólogo de la Universidad de los Andes, con una maestría en Biodiversidad de la Universidad de Barcelona. Después de haber recorrido y trabajado un par de años en la selva amazónica colombiana, ha dedicado la mayor parte de su vida a la educación. Actualmente dirige el Colegio Unidad Pedagógica, en Bogotá. Sus tiempos libres los dedica principalmente a cuidar sus plantas, a hacer fotografías de naturaleza, a ver buenas películas y mucho fútbol. Autor de *Planeta Tierra, planeta vida*; *BBZOO: animales y sus crías* y colaborador en la colección *Animales en extinción Colombia*.

JULIÁN ARIZA

Diseñador industrial de la Universidad Nacional de Colombia. Es autor del libro álbum *Hay recuerdos que llegan volando* y ha trabajado como ilustrador para diversas editoriales dentro y fuera de Colombia, así como en proyectos con el Ministerio de Cultura y el Ministerio de Educación.

Título original: *Guía secreta de aves*
Primera edición: enero, 2024
Primera reimpresión: junio, 2024

Carrera 7 # 75-51, piso 7, Bogotá, Colombia
PBX: (57) 601- 743-0700

La presente edición se realizó con la colaboración del INSTITUTO DE INVESTIGACIÓN DE RECURSOS BIOLÓGICOS ALEXANDER VON HUMBOLDT.

Los cantos y llamados de las aves protagonistas de este libro fueron tomados del Banco de Sonidos Ambientales del Instituto de Investigación de Recursos Biológicos Alexander von Humboldt.

Impreso en Colombia - *Printed in Colombia*

ISBN: 978-628-7687-03-5

Compuesto en Dapifer y Active

Impreso por Editorial Nomos, S.A.

¿QUÉ MIRAS? SOLO SOY UNA RAMA
¡ALTO! ¡FIIIRMES!
¿ESTOY BIEN PEINADO?
¿QUÉ SE CUENTA?
¡PELIGRO! VENENO MORTAL